DINKELSBÜHL

Stadtführer rund um die romantische Stadt

VERLAG &
MEDIADESIGN

www.verlagvonkoenig.de

Praktische Hinweise für Ihren Aufenthalt in Dinkelsbühl (Tel.-Vorwahl 0 98 51)

Notruf der Polizei (Unfall, Überfall): Tel. 110

Feuerwehr: Tel. 112

Erste Hilfe, Krankentransport: Tel 1 92 22

ADAC-Vertretung: Firma Gabler, Tel. 5 75 50

Auskunft: Tourist-Information, 91550 Dinkelsbühl, Marktplatz, Tel. 9 02 40, Fax 9 02 79, Internet: www.dinkelsbuehl.de

Bücherei: Volksbücherei «St.Georg», Kirchhöflein 1

Stadtbibliothek: Segringer Straße 2, Tel. 9 02 42

Bundesbahnauskunft: 0 79 51/1 94 19

Campingplatz: DCC Camping Park, Kobelsmühle 2, Tel. 78 17

Fahrradverleih: Tourist-Information, Marktplatz

Filmtheater: Central-Theater, Turmgasse, Tel. 55 35 32
Ring-Theater, Feuchtwanger Straße 5, Tel. 0 98 52/99 10

Fundbüro: Rathaus, Segringer Straße 30, Tel. 9 02 55

Hallenbad: Städt. Hallenbad, Kinderloreweg, Rathaus, Tel. 72 99

Jugendherberge: Koppengasse 10, Tel. 95 09

Kegelbahnen: Gasthof «Goldenes Lamm», Lange Gasse 26/28, Tel. 22 67
Gaststätte «Sonnenhof», Sonnenstraße 4, Tel. 75 72

Kirchen: Ev.-Luth.: St.-Pauls-Kirche, Nördlinger Straße
Heilig-Geist-Kirche, Dr.-Martin-Luther-Straße
Katholisch: Münster St. Georg, Marktplatz

Postamt: Luitpoldstraße 13, Tel. 5 78 40

Reisebüro: Krottenmüller, Altrathausplatz 3, Tel. 5 79 70
Faber, Tel. 5 70 70

Banken: Volksbank, Weinmarkt 14, Tel. 58 00
Raiffeisenbank, Weinmarkt 2, Tel. 99 92 57
Sparkasse, Schrannengasse 1, Tel. 908 - 0
HypoVereinsbank, Segringer Straße 9, Tel. 30 44

Reiten: Reit- und Fahrverein, Rudolf-Schmidt-Straße, Tel. 22 89
Gelände Großmann, Crailsheimer Straße 8, Tel. 25 91
Reiterhof Frauenholz, Lohe 5, Tel. 21 89
Reitpark Merz, Dieterstetten, Tel. 13 40

Schwimmbad: Wörnitz Strandbad, Tel. 94 38

Taxi: Hirsch, Tel. 5 35 00, Meier, Tel. 76 27
Härtl, Tel. 55 24 44, Grimm, Tel. 5 59 30

Veranstaltungen und monatlicher Veranstaltungskalender:
Tourist-Information, Marktplatz, Tel. 9 02 40

Zimmervermittlung: Tourist-Information, Marktplatz

Stadtführungen: Täglich von April bis Oktober
ab Münster St. Georg, 14.30 und 20.30 Uhr.
Für Gruppen Sonderführungen, Dauer: ca. 1 Stunde.
«Nachtwächterrundgang» Ostern bis Anfang November, täglich 21.00 Uhr
oder November bis Ostern, Samstag 21.00 Uhr.

Blick über die Wörnitz auf die befestigte Stadt. Zwischen dem Bäuerlinsturm (links) und dem Wörnitztor der massige Bau des Münsters St. Georg.

Herzlich willkommen
im romantischen Dinkelsbühl!

An der Kreuzung zweier alter Heer- und Handelsstraßen — heute treffen sich hier die Romantische Straße und die Deutsche Ferienstraße Alpen / Ostsee — liegt am Ufer der Wörnitz das malerische Städtchen Dinkelsbühl (444 m ü. M.). Eine lückenlose mittelalterliche Wehranlage mit vielgestaltigen Türmen umschließt die ehemals «Freie Reichsstadt», die auch im Innern ihre Ursprünglichkeit bewahrt hat.

Umgeben von gepflegten Parkanlagen und mehr als 300 Weihern wurde Dinkelsbühl Anziehungspunkt für Touristen und Erholungsuchende. Die Stadt bietet heute etwa 800 Übernachtungsmöglichkeiten, verbunden mit traditionsreicher Gastlichkeit. Anlagen für Tennis, Schwimmen, Sauna, Wassertreten, Reiten, Wandern und Angeln bieten dem Gast Gelegenheit zu einem erholsamen, aktiven Urlaub. Die Kinderzeche-Festwoche im Juli bildet den Höhepunkt der Fremdenverkehrssaison und bietet ein breites Angebot an Unterhaltung.

3

Die Sehenswürdigkeiten Dinkelsbühls

Münster St. Georg: Eine der schönsten Hallenkirchen Süddeutschlands aus der Spätgotik (1448-1499). Romanisches Portal (um 1220). Wertvolle Altäre und Einbauten.

Weinmarkt mit historischer Gebäudegruppe: Ratsherrntrinkstube (auch Waaghaus oder Gustav-Adolf-Haus) um 1580, Deutsches Haus mit herrlicher Fachwerkfassade (um 1600), ehemaliges Kornhaus «Schranne» (1609) mit Festsaal.

Hezelhof: Romantischer Innenhof eines Patrizierhauses (16. Jh.).

Spital: 1282 erstmals urkundlich genannt. Sehenswerter Hof, Spitalkirche, Historisches Museum.

Stadttore: Rothenburger Tor, Segringer Tor, Nördlinger Tor, Wörnitztor.

Stadtbefestigung: Vollständiger Mauerring, Wehrtürme, Wehrgang am Wörnitztor, Gräben und Wälle.

Kapuzinerkloster (1622-1624): Statuen und Gemälde aus dem 17. Jahrhundert.

Deutschordensschloß: Breitgelagerter Barockbau (1764) mit reizvoller Rokoko-Kapelle.

Stadtmühle: Wassermühle mit Wehrgang und Befestigung der Radstatt.

Altes Rathaus (1361): Einbauten aus dem 16. Jahrhundert.

Führungen und Innenbesichtigungen

Stadtführung: Täglich von April bis Oktober ab Münster St.-Georg. Dauer 1 Stunde. Für Gruppen Sonderführungen.

Münster St. Georg: Altäre, Einbauten und Statuen aus gotischer Zeit.

Historisches Museum: Historische Sammlung im Spital (s. Seiten 29-31).

Museum 3. Dimension: s. Seite 41

Veranstaltungen

Kinderzech´-Festwoche: Heimatfest: geht über 2 Wochenenden immer um den 3. Montag im Juli. Historisches Festspiel erinnert an die Errettung vor schwedischer Brandschatzung im 30jährigen Krieg, Darstellung des Lagerlebens, Festumzüge, historische Tänze, Volksfest.

Theater: Von Oktober bis April spielt das in Dinkelsbühl beheimatete Fränkisch-Schwäbische Städtetheater im Theatersaal der Schranne, im Sommer auf der Freilichtbühne im Garten am Wehrgang.

Konzerte: Auftritte der Dinkelsbühler Knabenkapelle, Konzerte im Stadtpark, Berufsfachschule für Musik.

Empfänge: Für Gruppen offizielle Begrüßung am verschlossenen Stadttor und abends am romantisch beleuchteten Stadtparkweiher durch das Dinkelsbühler Dreigestirn– Marketenderin, Nachtwächter und Solotrompeter der Dinkelsbühler Knabenkapelle.

Rundgang des Nachtwächters: Jeden Abend von April bis Oktober ab Münster St. Georg.

Stadtbeleuchtung: Außerhalb der offiziellen Beleuchtungszeiten der Altstadt über Automat an der Schranne.

Pauschal-Arrangements: Über Weihnachten und Silvester; über Ostern siehe Sonderprospekte.

Veranstaltungskalender: Monatlich April-Oktober über Tourist-Information, am Marktplatz.

Die Geschichte der Stadt Dinkelsbühl

8. Jh.   Ein fränkischer Königshof ist wahrscheinlich Keimzelle der Ansiedlung. Der Name Dinkelsbühl wird meistens von dem Gutsverwalter «Thingolt» hergeleitet. Die Sage leitet den Namen der Stadt von einem frommen «Dinkelbauern» her, der eine Kapelle für Wallfahrer stiftete und seinen Hof den Karmelitermönchen schenkte, die dort ein Kloster einrichteten.

928   Nach Merian (1593–1650) wird Dinkelsbühl als befestigter Ort genannt. Seine Geschichtsquelle ist unbekannt.

10. Jh.   Die Kreuzung der sehr wichtigen Handelswege Ostsee–Mitteldeutschland–Italien und Worms–Prag–Krakau wird nahe der Furt mit einer Turmhügelbefestigung versehen.

1188   Die erste urkundliche Erwähnung als «burgum Tinkelspuhel». Friedrich I. Barbarossa schenkt den Marktort zusammen mit anderen staufischen Hausgütern seinem Sohn Konrad von Rothenburg als Heiratsgut.

Dinkelbauerstatue im Innenhof des Karmeliterklosters.

Die frühere Marktkirche an der Wegkreuzung wird durch einen romanischen Neubau ersetzt. Die unteren Geschosse des Turms der St.-Georgs-Kirche werden um 1220/30 angefügt.

1251   König Konrad IV. verpfändet die Stadt Dinkelsbühl an Graf Ludwig von Öttingen.

1282   Das städtische Spital wird in einer Urkunde genannt.

1290   Der Karmeliterorden gründet ein Kloster auf dem Gelände der heutigen St.-Pauls-Kirche.

1291   Das älteste Siegel der Stadt mit den Ähren im Wappen und dem Hinweis auf einen «villicus» (Verwalter).

13. Jh.   Die ältesten noch sichtbaren Befestigungsanlagen sind entstanden.

1323   König Ludwig verleiht der Stadt das Recht, daß das in ihr hergestellte graue Tuch, wohin immer es verkauft werde, nur mit ihrem Stadtmaß gemessen werden darf. In der Stadt entwickelt sich ein Wolltuchgewerbe, nach 1425 noch durch Barchentweberei ergänzt.

1341	Dinkelsbühl kauft sich selbst aus der Pfandschaft der Grafen von Öttingen frei.
1350	Der Deutsche Orden gründet außerhalb der Stadtmauern – beim Spital – eine Niederlassung. 1390 Neubau des «Deutschen Hofes» am heutigen Platz.
1370/80	Erweiterung der Stadtmauer auf heutigen Umfang beginnt.
1387	Die Zünfte erzwingen den «Richtungsbrief», der ihnen die Gleichberechtigung mit den Patriziern im kleinen Rat zusichert. Der große Rat wird durch je 6 Mann aus den 6 Zünften erweitert.
1456	Herzog Ludwig von Landshut belagert die Stadt, die sich aber mit einer größeren Geldsumme auslösen kann.
1488-99	Bau des spätgotischen Münsters St. Georg.
1534	Die Mehrheit der Bürger hat sich der evangelischen Konfession angeschlossen, ein Teil bleibt katholisch.
1541	Dinkelsbühl tritt auf dem Reichstag zu Regensburg der Augsburger Konfession bei.
1546	Kaiser Karl V. besiegt den Schmalkaldischen Bund, dem auch Dinkelsbühl angehört. Herzog Alba zieht in die Stadt und bestraft sie im Auftrag Karls V. schwer. Er zwingt ihr einen rein katholischen Rat auf und gibt den Katholischen die Georgskirche zurück.
1618-48	Die Kriegsbelastungen im Dreißigjährigen Krieg führen die Stadt nahezu in den wirtschaftlichen Ruin. Nach der Eroberung durch die Schweden 1632 bleibt Dinkelsbühl von Plünderung und Zerstörung verschont. Hier liegt der Ursprung des historischen Festspiels «Die Kinderzeche».
1649	Trotz des «Paritätsvertrages», der die Gleichberechtigung der Konfessionen festlegt, kommt es zu Streitigkeiten in der Bürgerschaft, die bis ins 18. Jh. fortdauern.
1802	Die Reichsunmittelbarkeit endet; Dinkelsbühl wird 1806 endgültig in den bayerischen Staatsverband eingegliedert.
1826	König Ludwig I. erlässt für Bayern eine Verordnung, die den Abbruch der Mauern und Türme verbietet, und trägt somit zum Erhalt der historischen Altstadt bei.
1900	Maler aus Berlin und München entdecken das idyllische Städtchen, das seither zum Inbegriff der Romantik wurde.
1945	Dinkelsbühl bleibt in beiden Weltkriegen unbeschädigt. Die vollständig erhaltene historische Altstadt zählt zu den bedeutendsten Kulturdenkmälern Europas. Seit 1985 ist die Stadt Sitz der Geschäftsstelle «Romantische Straße». 1998 wurde Dinkelsbühl «Große Kreisstadt».

Das Münster St.-Georg
Äusserer Rundgang

Die Kreuzung der mittelalterlichen Handelswege war einst die Keimzelle der freien Reichsstadt Dinkelsbühl. Dieser Schnittpunkt der Hauptstraßen wird seit Jahrhunderten vom mächtigen Walmdach der katholischen Stadtpfarrkirche St. Georg beherrscht.

Auf den ersten Blick bemerken wir ein Mißverhältnis zwischen dem gewaltigen Langhaus und dem fast schmächtigen Turm, ebenso wie zwischen dem nördlichen und südlichen Teil des Westgiebels. Der Turm scheint nach Süden versetzt. Eine Erklärung gibt die Geschichte dieses Bauwerks:

Zu der ersten romanischen Kirche (12. Jh.) wurde um 1225 im Abstand von 6 m der heute noch stehende Turm mit seinem Rundbogenportal erbaut. Umbauten im 13. und ein Neubau im 14. Jahrhundert folgten. Doch bereits 1448 begann man mit dem Bau der heutigen Kirche. Anstelle des Westturms war ein den Dimensionen des Langhauses entsprechender Turm an der Nordflanke geplant, der aber zunächst nur ein Stockwerk hoch aufgeführt wurde. Bald jedoch schienen die Schaffenskraft und die finanziellen Mittel erschöpft: Man walmte das Langhausdach bis unter die Oberkante des damals obersten Westturmgeschosses ab und stellte den Weiterbau des Nordturms ein. Erst Mitte des 16. Jahrhunderts ergänzte man den alten Turm zunächst durch das Glockengeschoss mit der Galerie und danach durch den achteckigen Aufbau mit der Kupferhaube. Dort oben wurde auch die Wohnung des Türmers untergebracht, der hier in der Nacht Feuerwache hielt.

Georgsfigur am Westgiebel des Münsters St.-Georg (15. Jh.).

Im Gegensatz zum Turm wurde das gotische Langhaus nach einem Plan des Kirchenbaumeisters Nikolaus Eseler d. Ä. in einem Zug gebaut und unter seiner Leitung und der seines gleichnamigen Sohnes innerhalb der verhältnismäßig kurzen Bauzeit von 51 Jahren (1448–1499) fertiggestellt. Dieser Tatsache verdankt St. Georg den Ruf, Süddeutschlands schönste Hallenkirche zu sein.

Die Gestaltung des Westgiebels aber beweist gerade die großen Fähigkeiten der Eseler, die durch kleine Kunstgriffe die ungleichen Giebelwände harmonisch vereinigten. Das schmale südliche Dreieck ziert lediglich eine steinerne Statue des Kirchenpatrons St. Georg. Sie ist wahrscheinlich ein Werk Hans Eselers, eines Sohnes des älteren Baumeisters. Der nördliche Teil des Westgiebels dagegen ist durch ein Fenster und den schlanken Treppenturm mit dem spitzen, durchbrochenen Steinhelm aufgelockert. Die Jahreszahl 1469 zwischen den Giebelfenstern gibt uns Kunde vom Abschluß der Arbeiten an dieser Wand.

Wir treten links in die schmale Baulücke, welche die Bürgerhäuser der Martin-Luther-Straße von der Nordflanke St. Georgs trennt. Die «Frauentür» — bereits im ersten Joch — blieb als einziges der fünf Hauptportale ohne Vorhalle. Die Türflügel aus dem 17. Jahrhundert sind mit reichen Schnitzereien verziert, deren Knorpelwerk in Masken und Tierköpfen endet. Die Flügel des Pfarrhofportals, ebenso die der Portale an der Südseite, stammen aus dem 18. Jahrhundert. Das Untergeschoß des geplanten Nordturms dient als Sakristei. Auf zwei Fensterbänken lagern steinerne Hunde. Die Erdgeschoßmauern — mehr als 10 m im Quadrat und 2,20 m dick — zeugen von der geplanten Höhe des Bauwerks, die nach Rekonstruktionen an die 80 m erreicht hätte. Das Mauerwerk über der Sakristei läßt erkennen, daß für den Turm große Fenster wie im Langhaus vorgesehen waren. Grabinschriften aus der Zeit um 1500 erinnern an den Friedhof, der bis 1530 bei der Kirche lag. Vorbei an der anmutigen Mesnertür gelangen wir zu den äußeren Chorkapellen. Die Steinfiguren der Ölberggruppe wurden ebenso zur Zeit des Kirchenbaus gefertigt wie die der bedeutsameren zweiten Kapelle, einer ein-

Abendmahlszene an der Außenwand des Chors (1460/70). Die Jünger lauschen den Worten ihres Meisters. Der Verräter Judas — mit dem Beutel vor der Brust — sitzt ganz rechts außen.

Das gotische Münster St.-Georg von Südwesten. Deutlich sind die verschiedenen Bauabschnitte des romanischen Westturms zu erkennen.

drucksvollen Darstellung der Abendmahlszene in Halbrelief. Christus, das Osterlamm auf dem Teller, spricht die Worte: «Einer unter euch wird mich verraten.» Der untreue Judas, ganz rechts, beginnt bereits zu essen. Zwischen den Figurengruppen der dritten und vierten Kapel-

le, dem Leichnam Christi und dem Ölberg-Christus, beide 1728 eingefügt, gewahren wir auf einer Konsole des mittleren Chorpfeilers die
verwitterte Büste des Baumeisters Nikolaus Eseler d.Ä. Die Inschrift
darunter weist auf die Grundsteinlegung am 5. März 1448: «Anno · dn̄i
· m · cccc · und · im · xlviii · iar · aftermōtag · nach · mitvasten̄ · ward · der ·
erst · stain · gelegt.»
Ein Blick vom Christoph-von-Schmid-Denkmal her vermittelt uns
einen nachhaltigen Eindruck vom streng geometrischen Aufbau
des Kirchengebäudes. In gleichmäßigem Rhythmus wechseln
schlanke Pfeiler und hohe, tief profilierte Fenster zu dem harmonischen Gesamtbild eines schlichten, gotischen Gotteshauses.
Das wuchtige, romanische Portal am Westturm dient heute als Haupt-
eingang. Die drei Stufen des Rundbogens sind in der Senkrechten
durch Säulen abgeschwächt, die in ein Fries mit Blattornamenten en-
den.

Romanisches Portal im Westturm mit dreifach gestuften Ge-
wänden. Über den Rundsäulen ein Ornamentfries mit Ranken-
motiv.

St. Georg: Mittelgang gegen Chor und Hauptaltar. Links Kanzel und Sakramentshaus (15. Jh.), Barockgestühl (1686).

Ein Rundgang im Innern

Durch das Portal gelangen wir zunächst in die romanische Vorhalle. Die Kapitelle der Rundsäulen sind auch hier mit reizvollen Ranken- und Blattmotiven geziert. Das Missionskreuz (15. Jh.) wurde 1899 aus der Kapuzinerkirche nach St. Georg überführt.

Wir betreten den lichtdurchfluteten Innenraum St. Georgs und lassen zunächst das Gesamtbild dieses mathematisch-exakten Kirchenbaus auf uns wirken. Die großartige Harmonie aller Bauteile erzeugt eine imposante Raumwirkung, wie sie kaum von einem anderen spätgotischen Gotteshaus erreicht wird. Ihr verdankt St. Georg den Ruf als schönste Hallenkirche Süddeutschlands. Das imponierende Bauwerk ist 77 m lang und 22,5 m breit. Elf Pfeilerpaare tragen die 21 m hohen, abwechslungsreich gestalteten Netz- und Sterngewölbe. Die Seitenschiffe erreichen – bei halber Breite – die gleiche Höhe wie das Mittelschiff, wie es dem System des Hallenbaus entspricht. Die achtfach gerundeten Säulen fließen ohne Kapitelle in das Netz der Gewölberippen über. Farbige Schlußsteine an der Decke des Langhauses zeigen die Heiligen Vitus, Georg, Bartholomäus und Ursula, die Heilige Jungfrau mit Kind, Gott Vater, Christus, den Heiligen Geist, die Wappen Dinkelsbühls und des Reiches. Die Wangen des Barockgestühls (1686) sind reich mit plastischem Schnitzwerk verziert. Wo der geschlossene Block dieser Bänke endet, markieren das Sakramentshaus und die Pfeilermadonna fast unmerklich den Übergang vom Langhaus zum Chor.

Wir beginnen unseren Rundgang im südlichen Seitenschiff, dessen Steilheit das gotische Bauprinzip, das Lenken des Blickes nach oben – zu Gott – besonders deutlich macht. Diese Raumwirkung wird durch die schmalen, hohen Fenster nur noch unterstrichen. Durch das klare Glas strömt das volle Tageslicht ein und läßt das reine gotische Maßwerk in den Spitzbögen besonders gut zur Geltung kommen. Die Seitenschiffe sind als Umgang um den Chorraum herumgeführt und eigneten sich daher vorzüglich für Prozessionen.

Sebastiansaltar: Reich geschmückte Gebeine des Märtyrers St. Aurelius, der unter Nero in Rom hingerichtet wurde.

Der Sebastiansaltar

Im Gegensatz zu den anderen Seitenaltären könnten beim Sebastiansaltar Flügel und Gemälde schon seit der Zeit der Entstehung um 1520 zusammengehören, als er von der Dinkelsbühler Schützengilde gestiftet wurde. Wie die anderen wurde er im 19. Jahrhundert von Anselm Sickinger in ein neugotisches Gehäuse gefaßt. Das dreiteilige Tafelbild zeigt das Martyrium des hl. Sebastian, der, an einen Baum gebunden, von Pfeilschüssen getötet wird. Die Bilder auf der Innenseite der Flügel:

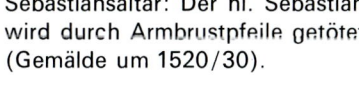

1. Der hl. Sebastian steht einem zum Tode Verurteilten bei.
2. Eines der Wunder der hl. Elisabeth: Ihr Gemahl, Landgraf Ludwig findet in ihrem Bett, in welchem sie einen Aussätzigen gepflegt hat, den Gekreuzigten.

Sebastiansaltar: Der hl. Sebastian wird durch Armbrustpfeile getötet (Gemälde um 1520/30).

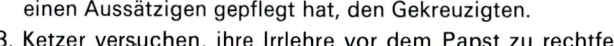

3. Ketzer versuchen, ihre Irrlehre vor dem Papst zu rechtfertigen.
4. Das Martyrium der hl. Afra, die auf dem Scheiterhaufen endet.

Auf den Rückseiten der Flügel finden wir Darstellungen der Heiligen Christophorus und Jakobus, im Sockel des Altaraufsatzes, der Predella, das Begräbnis des hl. Sebastian. Das Unterteil des Altars birgt die Gebeine des heiligen Aurelius, die 1747 von Rom nach Dinkelsbühl überführt wurden. Der Märtyrer war um das Jahr 64 unter Nero seines christlichen Glaubens wegen enthauptet worden.

Der Dreifaltigkeitsaltar

Die Figuren, Reliefs und Tafelbilder — ausgenommen im turmartigen Aufbau — stammen wiederum aus spätgotischer Zeit um 1500. Im Schrein finden wir (von links) die Heiligen Petrus, Cosmas, Damian, Quirin, flankiert von Laurentius und der besonders qualitätsvollen Figur des hl. Sebastian. Die Haltung seiner linken Hand und die nachträglich darauf befestigten Pfeile lassen

Fränkische Madonna (um 1490).

den Schluß zu, daß hier ein unbekannter Heiliger in Sebastian umfunktioniert wurde. Die Innenseiten der Flügel zeigen Reliefs der Heiligen Valentin und Ursula. Vier Tafelbilder auf ihren Außenseiten geben uns Kunde von den Stiftern des Altars, der Gerber- und Schuhmacherzunft: die Schusterpatrone Crispus und Crispinian verteilen Schuhe an die Armen, werden geprügelt und mit siedendem Öl übergossen; schließlich fällt Feuer vom Himmel und tötet die Peiniger der Heiligen. Die vier lateinischen Kirchenväter in der Predella stammen vom gleichen Meister.

Wir wenden uns nun zunächst der Kirchenmitte zu, um den Chorraum näher zu betrachten.

Das Sakramentshaus

Die südliche Säule an den Stufen zum Chor trägt auf einer Konsole eine eindrucksvolle fränkische Madonna (um 1490). Die Heilige Jungfrau, mit Krone und Zepter, steht über der Mondsichel, die von zwei Engeln gehalten wird.

An der Säule gegenüber erhebt sich das zwölf Meter hohe steinerne Sakramentshaus. Das Allerheiligste wurde zu jener Zeit in Mauernischen oder, wie hier, in eigens dafür gebauten Behältern aufbewahrt. St. Georg dürfte die einzige Kirche Deutschlands sein, wo noch heute das heilige Sakrament auf diese Art untergebracht ist. Der sternförmige Fuß und der säulenartige Aufbau sind mit reichem Blendmaßwerk verziert, drei Propheten und Moses mit dem Gesetzbuch bilden den Figurenschmuck. Kelchtragende Engelsgestalten zieren die freien Kanten des achteckigen Gehäuses, auf dessen Gesims Löwen und Hunde als Wächter kauern.

Sakramentshaus (um 1480/90).

Das Stabwerk des schlanken Aufsatzes birgt Propheten, Apostel und Könige der biblischen Geschichte. Das Hochrelief an der Säule hinter dem Sakramentshaus zeigt die Stifter: Bürgermeister Konrad Kurr und seine Frau, geborene Amelbruchter. Die Inschrift lautet: «Anno dñi 148 · iar hat gestift conrat kurr das erwirdig sacrament geheus dem got genedig sey.»

Der Hauptaltar

Blickfang des Chorraums ist der Hochaltar. Sein neugotisches Gehäuse mit den turmartigen Aufbauten wurde 1892 angefertigt. Kernstück ist die Schreintafel mit der Kreuzigungsszene.

Figurenreiche spätgotische Schreintafel des Hochaltars, Kruzifix als Schnitzwerk aufgesetzt. Links unten das Stifterpaar.

Sie war Teil des spätgotischen Originalaltars (um 1490) und entstand wahrscheinlich in einer Bamberger Werkstatt. Dem figurenreichen Tafelbild wurde ein geschnitztes Kruzifix aufgesetzt. Links im Vordergrund kniet betend das Stifterpaar. Die Symbole der vier Evangelisten an den Kreuzenden wurden erst in späterer Zeit hinzugefügt. Das Flachrelief darüber zeigt den Schutzheiligen St. Georg beim Kampf mit dem Drachen.

Hochaltar: St. Georg im Kampf mit dem Drachen (um 1490).

Im südlichen Chorumgang

Zurück im Seitenschiff begegnet uns zu Beginn des Chorumgangs der ursprünglich bemalte Taufstein. Die Steinmetzzeichen besagen, daß hier dieselbe Arbeitsgruppe wie beim Sakramentshaus und der Kanzel am Werk war. Die Jahreszahlen 1643/44 beziehen sich daher wohl auf eine Renovierung. Das kelchförmig ausladende, reich verzierte Becken wurde einschließlich des Fußes mit den vier sitzenden Löwen aus einem Stück geschlagen, ein Meisterwerk gotischer Handwerkskunst.

Die Brustbilder auf der Holztafel am Chorpfeiler zeigen die beiden gleichnamigen Baumeister der Kirche, Nikolaus Eseler, Vater und Sohn. Beide tragen den Zirkel als Symbol ihres Standes. Die Inschrift lautet: «Diße bede wahrn die werckleuth welche daß Lobwürdig Hoch- und weitbereumt Gotteshauß zu S. Georgen in deß H. Reichs Statt Dinckhelspil erbauet. wurde in Año MCCCC xliiii Afftermontags nach mit fasten der erst stain gelegt und volgents uf Matthaei xcviiii. Jahrs der Baw volendt.»

Bild und Text sind eine Kopie aus dem 17. Jahrhundert. Das 200 Jahre ältere Original ist nicht mehr auffindbar.

Holztafel mit Porträts der Baumeister von St. Georg, Nikolaus Eseler, Vater und Sohn. Der Zirkel war Symbol ihres Berufsstandes.

Die spätgotische Zehngebotetafel, auf Holz gemalt, stellt die Übertretung der christlichen Gebote dar und, jeweils daneben, die Bestrafung durch die zehn ägyptischen Plagen: Frösche fallen vom Himmel, das Nilwasser wird zu Blut, Hundsfliegen, Stechmücken, Geschwüre, Viehpest, Heuschrecken, Hagel, Tod der Erstgeburt und Finsternis suchen die Sünder heim.

Eines der bedeutendsten Grabdenkmäler der Kirche ist das dreiteilige Huster-Epitaph, in Öl auf Holz gemalt. Das Mittelbild zeigt die heilige Familie, eingerahmt von den Heiligen Barbara und Matthäus (links) sowie Katharina und Jakobus. Die Familie des Goldschmieds Huster, mit sieben Knaben und sieben Mädchen, finden wir auf der Predella, dazu die Wappen und die Inschriften

Zehngebotetafel (um 1520): Die Übertretung der Gebote wird mit den 10 ägyptischen Plagen bestraft.

mit den Sterbejahren des Hans Huster (1508) und seiner Ehefrau Margaretha (1514).
Die drei Steinfiguren an den Chorschlußpfeilern, die Muttergottes zwischen den Heiligen Bartholomäus und Georg, stehen auf Maßwerkkonsolen mit den Wappen von Dinkelsbühler Patrizierfamilien.

Der Ziboriumsaltar

Auf der Rückseite des Hochaltars befindet sich der Ziboriumsaltar, wegen seines kapellenartigen Aufbaus (1490) auch Baldachinaltar genannt. Nach einer Zeichnung war er noch 1840 als Gegenstück zum Sakramentshaus am Übergang vom Langhaus zum Chor aufgestellt. An den vorderen Pfeilern erheben sich auf Konsolen vier Figuren der Verkündigungsgruppe, ebenfalls in Sandstein gehauen. Über dem Zugang befindet sich das Stifterwappen (mit Schwan). Das kunstvolle schmiedeeiserne Gitter wurde 1724 eingefügt. Der neugotische Altar im Innern enthält im Mittelteil das berühmte Dinkelsbühler Marienbild, das als wundertätig verehrt wurde. Es stammt aus dem frühen 15. Jahrhundert und soll vor dem Einzug Gustav-Adolfs in die Stadt (1632) «Blut und Wasser geschwitzt» haben. Dieses Wunder soll sich in den folgenden Jahrzehnten immer dann wiederholt haben, wenn Dinkelsbühl in Gefahr war, und galt als böses Omen. Das «Wunderbild» war im 17. Jahrhundert Ziel zahlreicher Wallfahrer.

Im nördlichen Chorumgang

Das künstlerisch bedeutendste Epitaph ist das des Dinkelsbühler Arztes Marquart Freer (†1512) und seiner Augsburger Gemahlin Elisabeth (†1525). Es gilt als eines der reifsten Werke des Augsburger Bildhauers Gregor Erhart, der später besonders durch die «Belle Allemande» (Louvre, Paris) und die «Kaisheimer Madonna» (verbrannt in Berlin) berühmt wurde. Zu beiden Seiten der fein modellierten Madonna kniet das Stifterpaar (mit Kind), darunter, beiderseits der Inschrift, erkennen wir die Familienwappen. Das Kunstwerk im Stil der Frührenaissance muß vor 1512 enstanden sein, denn die letzten Ziffern des Todesjahres sind nachträglich eingesetzt.
Etwas älter sind die Holzstatuen der Heiligen, Florian (1460) und Ulrich (1500). Hinter dem Treppenaufgang zum einst geplanten Nordturm verbirgt sich die Sakristei. Die alte Eichentür ist reich verziert mit einem herrlich filigranartig gearbeiteten Türklopfer, einem Meisterwerk gotischer Schmiedekunst. Der kleine Chor in der Höhe ist nur über den Turmstumpf erreichbar.

Ziboriumsaltar: Die Pieta (um 1430) wurde im 17. und 18. Jahrhundert als wundertätig verehrt.

Der Kreuzaltar

Unter seinen Baldachinen beherbergt er fünf Statuen aus der Zeit zwischen 1470 und 1510. Die heilige Agatha hält eine Fackel und ein brennendes Haus in den Händen. Zu ihrer Linken erkennen wir

St. Florian, den Schutzheiligen gegen Feuergefahr, der mit dem Wasserkübel einen Hausbrand löscht. Auf der anderen Seite ist die heilige Katharina zu sehen, in den äußeren Nischen die Päpste Gregor und Urban. Die spätgotischen Tafelbilder der geöffneten Altarflügel zeigen die Verkündigung und Christi Geburt (links) sowie die Beschneidung und Anbetung durch die Könige. Auf der Außenseite der Flügel sind nochmals die Heiligen Agatha und Florian abgebildet.

Spätgotischer Türklopfer an der Tür zur Sakristei.

Der Josefsaltar

Zunächst schenken wir den kunstvoll gearbeiteten Türflügeln des Pfarrhofportals (1725) unsere Beachtung. Reiches Schnitzwerk, Tafelbilder mit der Darstellung von Heiligen, zierlich dekorierte Beschläge und bemerkenswert geformte Türgriffe zeigen solides handwerkliches Können und künstlerische Begabung.

Der letzte der Seitenaltäre unseres Rundgangs ist fast ausschließlich ein Werk des Altarbauers Sickinger in neugotischem Stil (1862). Lediglich das Tafelbild in der Predella stammt aus der Zeit um 1480: umgeben von den Heiligen Leonhard, Laurentius, Agatha und Florian die heilige Anna-selbdritt. Es handelt sich hier um eine im Mittelalter häufige Darstellungsform der legendären Mutter Marias in Einheit mit der Heiligen Jungfrau und dem Kind. Eines der zwei Stifterwappen ist wohl das der bedeutenden Dinkelsbühler Familie Berlin.

Kreuzaltar: Das neugotische Gehäuse faßt Statuen und Gemälde aus der Zeit um 1500.

Im Mittelgang

Wir verlassen nun das Seitenschiff und wenden uns der Kanzel zu. Während die Steintreppe und der Schalldeckel im 19. Jahrhundert angefügt wurden, wurde der Hauptteil bereits während des Kirchenbaus im 15. Jahrhundert gefertigt. Der graue Sandstein ist mit vergoldetem Blendmaßwerk versehen und teils farbig bemalt. An den Kanten sind die vier großen lateinischen Kirchenlehrer, die Heiligen Ambrosius, Augustinus, Gregor I. und Hieronymus, als Statuen dargestellt. Auf den Schilden erkennen wir die vier Evangelistensymbole.

Den Abschluß des Kircheninnern nach Westen bildet die Orgelempore. Zwischen den beiden Spitzbogenarkaden erhebt sich auf einer vorgelagerten Säule die Holzstatue des Schmerzensmannes. Bemalte Sandsteinreliefs der zwölf Apostel schmücken die Brüstung, die sich in den Seitenschiffen in Maßwerk fortsetzt.

An der Westwand der Kirche, verdeckt durch die Orgel, befindet sich die Inschrift über die Fertigstellung des großartigen Bauwerks: «1499 Am aftermontag nach s. mathevs ward d'letz stain gesetz.»
Unter dem Sterngewölbe der Empore finden wir eine weitere kunstgeschichtliche Rarität: ein Vesperbild aus dem 14. Jahrhundert. Die klagende Maria hält einen kindhaft kleinen Christus auf dem Arm. Dessen Figur wurde um 1700 nach dem gotischen Original erneuert.

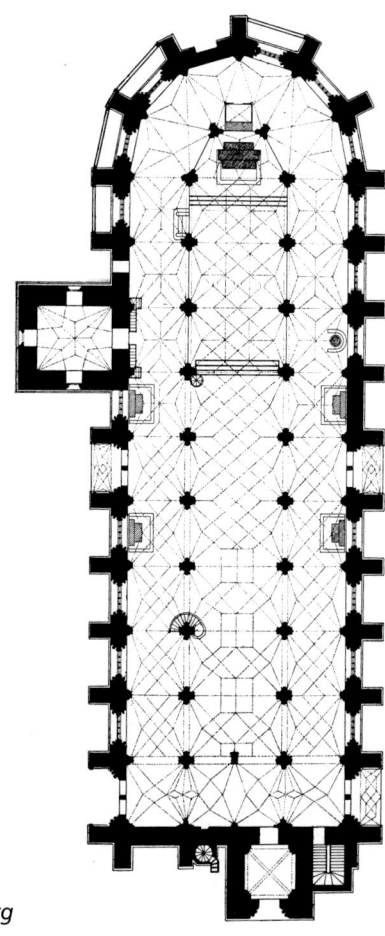

Grundriß des Münsters St. Georg

Rundgang durch die Stadt

Am Weinmarkt

Gegenüber dem Westportal des Münsters St. Georg reihen sich fünf prächtige Giebelhäuser. Sie alle stammen aus der Zeit um 1600. Würdig eingerahmt vom zierlicheren Haus Nr. 5 und dem lisenengeschmückten Treppengiebel des Gasthauses «Zur Glocke», bildet die reich verzierte Fachwerkfassade des Hotels «Deutsches Haus» den glanzvollen Mittelpunkt dieser äußerst reizvollen Gebäudegruppe. Die wuchtige Giebelfront der «Schranne» und die ehemalige Ratsherrntrinkstube mit dem zierlichen Turmhelm runden das harmonische Gesamtbild ab. Ebenso wie beim Nachbargebäude schmälern Halbrundmuscheln die Strenge des Staffelgiebels. Gesimse und senkrechte Gurte, Lisenen, gliedern die hohe Fassade. Der Vorgängerbau wurde 1437 von der Stadt gekauft und diente, auch nach der Neuerrichtung um 1600, als Ratsherrntrinkstube, Waaggebäude und Unterkunft für hochgestellte Persönlichkeiten. So wohnten hier Kaiser Karl V. (1546) und König Gustav Adolf von Schweden (1632). Die eigentliche Trinkstube befand sich hinter den fein profilierten Doppelfenstern des ersten Obergeschosses. Die Regelmäßigkeit des Aufbaus setzt sich auch auf der Traufseite, zur Segringer Straße hin, fort. Im Erdgeschoß finden wir heute das Städtische Verkehrsamt, darüber die Städtische Bücherei mit einem Aufenthalts- und Leseraum für Gäste. Steil und schmal wirkt dagegen die schmucke Fachwerkfassade

Historische Häusergruppe am Weinmarkt:

Hezelhof: malerischer Innenhof des Patrizierhauses (16 Jh.) mit Holzgalerien und reichem Blumen- und Rankenschmuck.

des Hezelhauses gegenüber, Segringer Straße 7. Obergeschosse und Giebel springen kräftig vor. Sehenswert ist jedoch vor allem der Hof, ein verträumtes Bild bürgerlicher Idylle aus dem 16. Jahrhundert. Vom rückwärtigen Fachwerkgiebel führen dreigeschossige Holzgalerien an einer Längsseite des schmalen Hofes entlang.

Die reich wuchernden Pflanzen im Hof und an den Gebäuden betonen die seltene Poesie des Gesamtbildes.

Eine architektonische Besonderheit bildet das breitgieblige Doppelhaus daneben, Segringer Straße 3 und 5. Zwei schmale mittelalterliche Häuser, wohl aus dem 15. Jahrhundert, wurden um 1600 unter einem gemeinsamen Fachwerkgiebel zusammengefaßt. Doppelt vorhandene Luken und Aufzugvorrichtung sowie die massive Trennmauer bis zum weit vorragenden 2. Obergeschoß betonen jedoch die Doppelhauseigenschaft.

Wir begeben uns zurück zum Weinmarkt. Das heutige Hotel «Deutsches Haus» entstand vor 1600 und gilt als eine der schönsten Fachwerkfassaden der Spätrenaissance in Süddeutschland. Typisch für die Bauzeit sind die geschweiften Diagonalbalken in den Feldern unter den Brüstungen. Konsolen leiten harmonisch von einem Geschoß zum darüberliegenden, das jeweils weit vorspringt. Zusätzlich betont wird die räumliche Wirkung der Fassade durch die vorgesetzten Fensterbänder in den Obergeschossen. Die überleitenden Schrägbalken sind ebenso mit tief profiliertem Figurenschmuck versehen wie die heraustretenden senkrechten Balken der Giebelgeschosse. Über den Aufzugsluken thront Bacchus, Gott des Weines und der Lebensfreude. In der Mittelnische des ersten Obergeschosses finden wir unter der Holzstatue der Madonna eine Inschrifttafel mit den Wappen des Ehepaares v. Drechsel/Schuster. Seitlich am zweiten Obergeschoß erkennen wir gemalte Darstellungen von Christus sowie einer weiblichen Person, die den Glauben symbolisiert.

Im Flur des älteren Erdgeschosses ist ein Grabstein für Peter Drechsel (†1591) und seine Frau angebracht. Über der betenden Familie zeigt ein Relief den Kampf Simsons mit dem Löwen. Von der Kassettendecke des früheren Saales mit seinen geschnitzten Kopfkonsolen ist im Flur des zweiten Obergeschosses noch ein Teil erhalten.

Die massige Giebelseite der «Schranne» bildet den nördlichen Abschluß der Häusergruppe. In dem langgestreckten Bau wurde früher Getreide gelagert und gehandelt. Hinter den Kreuzsprossenfenstern im ersten Obergeschoß befindet sich ein Festsaal für 800 Besucher mit einer Sammlung von Wappen der Hospitalpfleger. Während der Festspielwoche findet hier jeweils der erste Teil der Aufführung der historischen «Kinderzeche» statt. Die Korbbögen an den Portalen im Erdgeschoß und den Aufzugluken, die ovalen Fensteröffnungen und vor allem der obeliskengeschmückte Schneckengiebel mildern den Eindruck der strengen Zweckbauweise dieses Stils. Vor dem Gebäude werden zur Festspielwoche im Juli historische Tänze aufgeführt, hier präsentiert sich auch der Festumzug vor den gegenüberliegenden Tribünen und endet mit dem «Obristenspruch».

Deutsches Haus (16. Jh.): Die reich dekorierte Fachwerkfassade gilt als eine der schönsten in Süddeutschland.

Das Haus Weinmarkt 12, schräg gegenüber der Schranne, war als ehemaliges Gasthaus zum goldenen Kreuz eine Fürstenherberge, in der, wie die angebrachten Tafeln bezeugen, einst Kaiser und Könige übernachteten. (In der Muschelnische Hausfigur des hl. Nepomuk, 1. Hälfte 18. Jh.)

In der Rothenburger Vorstadt

Einen Häuserblock weiter verengt sich der Weinmarkt zur Dr.-Martin-Luther-Straße. Die nächsten Querstraßen, Untere Schmied-

Blick über den Weinmarkt.

gasse und Badgäßlein, markieren den Verlauf der ältesten Stadtbefestigung aus dem 13. Jahrhundert. Am malerischen Wirtshausschild des Gasthofes «Greifen» beginnt die nördliche «Rothenburger» Vorstadt. Rechts dehnt sich der gewaltige Spital-Komplex «Zum Heiligen Geist». Um das Jahr 1280 gestiftet, wurde das Gebäude außerhalb der damaligen Stadtmauern angelegt. Das war im Mittelalter vor allem wegen der gefürchteten Seuchen durchaus üblich. Ebenso wurden auch Reisende, welche die Stadt nach Schließung der Tore erreichten, im Spital untergebracht.

Blick auf das Rothenburger Tor. Rechts Gebäude des ehemaligen Spitals. Im Vordergrund kunstvoll geschmiedetes Wirtshausschild «Zum Greifen».

Die heutigen Gebäude stammen fast ausschließlich aus dem 15. und 16. Jahrhundert. Sie beherbergen das städt. Altersheim, die Sauna und das Historische Museum. Hier befindet sich die Vorderladerkanone, die 1542 in Nürnberg gegossen wurde.

Durch die von zwei Treppentürmchen flankierte Einfahrt betreten wir den Spitalhof. Über dem Eingang zum Heimatmuseum prangt der Reichsadler, an der Nordseite sind die Wahrzeichen der mittelalterlichen Blutgerichtsbarkeit aufgemalt: Hackblock, Beil und abgehackte Hand. Die gekreuzten Schlüssel auf dem Block stellen das Besitztumszeichen des Spitals dar. Der einfache Brunnen im Hof und die Färbermangel im offenen Fachwerkschuppen stammen aus der Zeit nach 1700.

Die Spitalkirche wurde 1380 erbaut, doch sind nur noch der Chor und die Sakristei aus jener Zeit erhalten. Das Langhaus wurde nach 1500 erneuert und das Kircheninnere im 18. Jahrhundert im Barockstil umgebaut und mit Emporen ausgestattet. An der Nordwand des Langhauses wurden Reste von spätgotischen Fresken (Ende 15. Jahrhundert) zutage gefördert: ein Eremit mit Laterne, weiter unten Füße, Krebs und Stockende aus einem Monumentalgemälde, das wohl den heiligen Christophorus darstellte. Die Decke des Gotteshauses zeigt den Gekreuzigten, der von vier Erdteilen angebetet wird, die eherne Schlange, Christi letztes Abendmahl und die Auferstehung in einer Darstellung von Johann Nieberlein aus dem Jahr 1774.

Hinter dieser historischen Fachwerkfassade im Hof des Spitals finden wir heute das Heimatmuseum der Stadt Dinkelsbühl.

Das Historische Museum im Spital

Der 1893 gegründete Historische Verein begann sofort, eine Sammlung aufzubauen, die zunächst im Alten Rathaus aufgestellt und 1904 in die Räume des 1599 erbauten Spitalgebäudes verlegt wurde. Erweiterung und Neuaufstellung erfolgten in den letzten Jahren.

Das Historische Museum versucht vor allem, Stadtgeschichte aufzuzeigen, die Erinnerung an bedeutende Dinkelsbühler Handwerkszweige wachzuhalten und die reichsstädtische Bürgerkultur dem Besucher in 15 Räumen nahezubringen.

Wir beginnen unseren Rundgang am Stadtmodell, das sehr gut die Anlage der Stadt an einem Straßenkreuz, den älteren Befestigungsring und den erweiternden Ausbau der Zeit um 1400 zeigt. Den Landbesitz der Stadt um 1750 und die Vermessungskarte der Stadtgemarkung von 1698 stellen zwei Pläne an den Wänden dar.

Im gegenüberliegenden Raum sind Kupfergeschirr und Ofenplatten ausgestellt. Im großen Raum sind am interessantesten die Stadtansichten, beginnend mit dem Merianstich von 1643 auf dem Tisch, einem reizvoll naiven Gemälde des Dinkelsbühler Malers Freyhardt von 1672 und Stadtdarstellungen auf einer Prozessionsfahne und einem Altarvorsatz. Das von einem Dinkelsbühler Ratsherrn 1632 kurz vor seinem Tod ge-

Zunfttruhe der Dinkelsbühler Schreiner und Zimmerleute.

malte Porträt des Schwedenkönigs Gustav Adolf erinnert an die Zeit des Dreißigjährigen Krieges. Ein besonders kostbares Stück ist die Barock-Zunfttruhe der hiesigen Schreiner und Zimmerleute, die der Verein vor dem Ersten Weltkrieg um 1000 Goldmark erwarb. Einen Blick sollte man auch auf die beiden Modelle von Fachwerkbauten werfen.

Die weiteren drei Räume im Erdgeschoß geben einen Eindruck von hiesigen Handwerkszweigen. Die ausgelegten Stoffdruckmodel sind ein Beispiel für die in Dinkelsbühl stark vertretenen Färber. Zunftzeichen und Werbetafeln schmücken die Wände. Der nächste Raum zeigt einen Webstuhl, eine der ersten Strickmaschinen und einen Rechentisch, der bei den verschiedenen Münzwerten das Rechnen durch Auflegen von Rechenpfennigen

Kunstvoll gearbeitetes
Karussell (19. Jh.).

erleichterte. Ein Blick sollte auch auf die Vitrine mit den Muster- und Farbrezeptbüchern geworfen werden. Der dritte Raum ist die Werkstatt eines Zinngießers mit Schmelzofen, Zinngußformen und einer Drehbank.

Die Wendeltreppe hinauf in den zweiten Stock wird von Stichen aus einem Nürnberger Trachtenbuch begleitet. Der erste Blick im Vorraum fällt auf ein St.-Georgsbild, das wahrscheinlich aus der Barockausstattung der Georgskirche stammt. Der große Gemäldesaal enthält drei Kaiserbilder aus der Zeit des Dreißigjährigen Krieges und eine Reihe von Porträts Dinkelsbühler Bürger, manche davon in naiv volkstümlicher Darstellung. Der nächste Gemälderaum zeigt Dinkelsbühler Ansichten, die von Malerzirkeln stammen, die vor dem Ersten Weltkrieg von dem romantischen Kleinod der Altstadt angezogen wurden und hier sich zum Malen aufhielten. Unter ihnen sind bemerkenswert Ernst Liebermann mit einer reizvollen Ansicht «Am Stadtgraben», W. Velden mit der «Turmgasse» und Paul Thieme mit «Ansicht vom Friedhof».

Besonders erwähnt sei Joseph Kühn, der in Dinkelsbühl blieb und als Konservator die Gestaltung des Museums übernahm.

Ein Teil der Graphiksammlung mit Dinkelsbühler Motiven liegt in einer Vitrine oder hängt im anschließenden Ausstellungsgang. Dieser Gang enthält Schaustücke des Heimatkreises Mies-Pilsen, für den die Stadt Dinkelsbühl Patenstadt ist. Anschließend finden sich Model zur Herstellung von «Springerle», bäuerliche und bürgerliche Trachten, Brautkronen und abschließend Uniformteile vom Stadtmagistrat, von Landwehr und Feuerwehr.

Das folgende Bauernzimmer zeigt Möbelstücke und Volkskunst. Besonders sind Dinkelsbühler Hohlmaße zum Abmessen z. B. von Getreide zu beachten.

Der Keramikraum bietet mittelalterliche Gefäße, bäuerliches und bürgerliches Gebrauchsgeschirr, Porzellan des 19. Jahrhunderts und Fayencen aus umliegenden Manufakturen sowie einen Satz Apothekengefäße aus der hiesigen Oberen Apotheke. Viele Negativformen und Kacheln zieren die Wände; einige von ihnen stammen schon aus dem 16. Jahrhundert.

Der nächste Raum ist bemerkenswert wegen einer bemalten Holzdecke und einer Tür aus der Zeit um 1500. Aufmerksam soll gemacht werden auf die beiden Vortragsschwerter, die bei feierlichen Gelegenheiten als Symbole der Hohen Gerichtsbarkeit

Bürgermeister und Rat vorangetragen wurden.

Die folgenden Räume enthalten Kinderspielzeug aus dem 19. Jahrhundert und bieten bürgerliche Wohnkultur mit Porträts und Fotos aus der Familie des bereits erwähnten Kunstmalers Kühn.

Der letzte Raum zeigt Erinnerungsstücke aus dem von der Stadt erworbenen Nachlaß des Domkapitulars und Jugendschriftstellers Christoph von Schmid. Ihm als einem ihrer berühmtesten Bürger setzte die Stadt ein Denkmal vor dem Münster St. Georg. Ein Ölgemälde zeigt ihn zusammen mit Kindern an seinem achtzigsten Geburtstag. Erstdrucke, Übersetzungen, Erinnerungsmünzen, persönliche Gebrauchsgegenstände liegen in der Vitrine. Die von Christoph von Schmid auf dem Augsburger Trödelmarkt erworbenen vier auf Kupfer gemalten Bilder des niederländischen Malers Simon de Vos (1642) stellen Szenen aus dem Leben Christi dar.

Kriegsgerät, Folterinstrumente und Truhen aus der historischen Sammlung.

Wieder auf der Straße, wenden wir uns einem der vier Stadttore zu. Der mit Lisenen verzierte Treppengiebel wurde dem Rothenburger Torturm in der Renaissance-Epoche aufgesetzt, der Hauptbau stammt aus der Zeit um 1390. Im zweiten Obergeschoß waren Gefängnisräume eingerichtet, die zum Teil so winzig waren, daß

Blick über den Gaulweiher auf das Rothenburger Tor und seinen wehrhaften Vorbau.

sie den Häftlingen kein Hinlegen gestatteten. Pechlöcher in der spitzbogigen Durchfahrt zeugen von der Wehrhaftigkeit der Anlage.

Wir folgen der Ausfahrt bis zum Ende des Weihers. Über dem unteren Fensterpaar des Rothenburger Torturms sind die Wappen von Stadt und Reich angebracht. Der Vorbau mit Walmdach steigerte den Verteidigungswert der Anlage im 16. Jahrhundert beträchtlich, zumal von den Erkern aus auch die Flanken der angrenzenden Mauern mit Geschützfeuer bestrichen werden konnten.

Wir lassen den Blick über Stadtmauer und Gaulweiher schweifen, bis er sich an einem spitzbehelmten Rundturm fängt, dem Faulturm, der früher auch als Schuldturm diente. Mit dem davorliegenden Zwinger und dem Zwingerhäuschen bildete er die Verteidigungsanlage der Nordwestecke. Der Fachwerkgiebel wurde der Zwingerbastion später aufgesetzt, um sie als Wohnung verwenden zu können. Mit dem romantischen Gaulweiher im Vordergrund bildet dieser Teil der Stadtbefestigung eines der beliebtesten Motive für Fotografen und Maler.

Vom Rothenburger zum Segringer Tor

Durch das Rothenburger Tor betreten wir wieder die Stadt und biegen rechts in die Obere Schmiedgasse ein. Gegenüber dem Bauhof erblicken wir einen massigen Fachwerkbau, eines der ehemaligen Kornhäuser. Als Getreidespeicher für die Stadt wurde er zu Beginn des 16. Jahrhunderts errichtet.

Wir folgen der westlichen Stadtmauer. Auf der rechten Straßenseite grüßt eine barocke Wegkapelle. Die Gebäude gegenüber

Barocke Wegkapelle am ehemaligen Kapuzinerkloster. Im Hintergrund der hoch aufragende Grüne Turm.

gehörten dem Orden der Kapuziner, bis er Kloster und Kirche nach dem Aussterben der letzten Mönche 1834 an die katholische Kirche verkaufte. Seit 1908 wird der Bau als Erholungsheim für klösterliche Lehrerinnen, die Armen Schulschwestern von Notre Dame, verwendet. Das Gotteshaus, nur mit einem Dachreiter versehen, wurde nach dem Zweiten Weltkrieg von den Heimatvertriebenen aus Mies und Pilsen zur neuen Heimatkirche erkoren. Der moderne Hauptaltar wurde 1960 von ihnen gestiftet. Aus der Gründungzeit dieser Kapuzinerniederlassung um 1622 stammen dagegen die lebensgroßen Statuen der Heiligen Franziskus und Antonius von Padua sowie der Marienaltar in der Seitenkapelle. Seine Gemälde sind Werke des Würzburger Hofmalers Bueler. Das Mittelfeld zeigt die Verkündigung Mariä und über der Darstellung der Vorhölle Gott Vater mit musizierenden Engeln, seitlich die Heiligen Ernestus und Katharina. Sie sind die Namenspatrone der Altarstifter Ernst Graf zu Öttingen und seiner Gemahlin Katharina Gräfin zu Öttingen, geb. Gräfin von Helftenstein, deren Wappen und Initialen wir auf Figurensockeln vorfinden. Das Ölgemälde mit der Darstellung von Mariä Himmelfahrt (Mitte 17. Jahrhundert) wurde vermutlich aus der St.-Georgs-Kirche hierher überführt. Unter den Grabdenkmälern ist vor allem das Epitaph des Bürgermeisters Schiltberger (†1583) bemerkenswert. Das Hochrelief zeigt den Verkauf des Joseph, außen den «Guten Hirten» und Johannes den Täufer. Darunter kniet die Familie Schiltbergers.

Wie der wachsame Bergfried einer Burganlage ragt der Grüne Turm gegenüber der Klosterkirche in den Himmel und gestattete in Kriegszeiten einen weiten Blick über die Hochebene. Seltsam verdreht und verbaut erscheint das folgende «Dreikönigstürmlein», dessen quadratischer Grundriß mit einer Ecke in die Mauer weist, anstatt sich ihrem Verlauf anzupassen. Ein schmales Haus schmiegt sich an dieser Stelle eng an die Stadtmauer, als erwarte es Schutz und Stütze von ihr und dem Türmchen. Das wuchtige, repräsentative Fachwerkhaus links, 1508 als Kornhaus erbaut, dient heute als Jugendherberge.

Der eingeschossige Bau mit den gotischen Kirchenfenstern, die Dreikönigskapelle, wurde bereits 1378 in einer Urkunde genannt. Als er im 19. Jahrhundert vorübergehend in Privatbesitz gelangte, brach der Eigentümer den Turm bis in Erdgeschoßhöhe ab und schloß den Stumpf mit einem Walmdach. Beachtenswert ist die Form der alten Dachziegel. Die Stadt Dinkelsbühl übernahm 1922 das Gebäude und ließ es in eine Gefallenengedächtniskapelle umgestalten. Das Grabdenkmal des Michel Fridel (†1588) und seiner zwei Ehefrauen im Innern des Gebäudes zeigt ein Relief mit der Himmelfahrt Christi und darunter die Familie des Verstorbenen.

Blick vom Segringer Torturm: im Vordergrund die Dreikönigskapelle, dahinter das ehemalige Kornhaus, links Grüner Turm.

Auf der Rückseite der Kapelle schließt sich ein schlankes Fach-
werkhaus an, das ehemalige Mesnerhaus (16. Jahrhundert). Den
dreistöckigen Unterbau bedeckt ein kokettes Schopfwalmdach.
Dieser Haustyp war nicht nur in der hiesigen Umgebung anzu-
treffen. Das beweist die Tatsache, daß das Mesnerhaus von der
Landsmannschaft der Siebenbürger Sachsen zum «Haus der
Heimat» ausgewählt und als Gedenkstätte eingerichtet wurde.
Der Turm des Segringer Tors wurde 1648 bei der schwedischen
Belagerung zum Ausklang des 30jährigen Krieges so schwer
beschädigt, daß er einige Jahre später einstürzte. Bereits 1655 ließ
der Rat der Stadt den Turm neu aufbauen. Unter der Leitung des
italienischen Baumeisters Antonio Don erstand er im Stil des

Barock, wobei aber die Maßverhältnisse des mittelalterlichen Vorgängers beibehalten wurden. Unter der Zwiebelhaube mit dem durchbrochenen Turmhelm wirkt daher der Unterbau trutzig und massiv. Wir überblicken den Teil der Stadtmauern, der für feindliche Angriffe am anfälligsten war, weil das ansteigende Gelände dahinter dem Gegner eine günstige Position ermöglichte.

Auf dem Weg zum Nördlinger Tor

Die Segringer Straße mit den bescheidenen, jedoch individuell gestalteten Häusern erweitert sich zum «Brettermarkt» und führt dann als immerhin noch breite Durchfahrtstraße zum Stadtzentrum. Das repräsentative Neue Rathaus links wirkt besonders beeindruckend, wenn man weiß, daß es 1733 als Privathaus gebaut wurde für den Posthalter, Senator und späteren Bürgermeister Bauer. Seit es 1855 in den Dienst der Stadtverwaltung gestellt wurde, erfuhr das Gebäude allerdings zwei Erweiterungen. Das Zimmer des Bürgermeisters befindet sich im zweiten Stock hinter dem Balkon. Darüber prangt ein Spruchband, gehalten von einem Zunftmeister – links – und einem Patrizier. Es verkündet einen Satz aus dem «Richtungsbrief» des Rats von Dinkelsbühl, mit dem die Zünfte 1387 ihre gleichberechtigte Aufnahme in das Stadtparlament erzwangen. Das Giebelfeld ist mit dem Reichsadler und den Wappen von einheimischen Familien geschmückt. Auf der Rückseite des Gebäudes, an die frühere Stadtmauer grenzend, dehnt sich der «Schweinemarkt».
In der Segringer Straße gegenüber dem Rathaus erkennen wir das Gasthaus «3 Mohren». Das Gebäude war zunächst als Posthalterei eingerichtet worden. Am 4. November 1797 nahm hier Johann Wolfgang von Goethe auf seiner Reise von Zürich nach Nürnberg das Mittagsmahl ein.
Etwas unterhalb biegen wir rechts in die Schreinersgasse ein und folgen dann der Langen Gasse. Schlichte Bürgerhäuser aus dem 16. und 17. Jahrhundert säumen unseren Weg und vermitteln einen einprägsamen Eindruck vom einfachen Leben der Handwerker und Bürger jener Zeit.
Die Turmgasse führt uns wieder bergan und zum ausgedehnten, klotzig wirkenden Barockbau des ehemaligen Deutschordenshauses. Um 1350 noch als der «Tewtsche Hof» neben dem Spital im Rothenburger Viertel erwähnt, wurde er 1390 mit der Erweite-

rung der Stadtmauern auf den heutigen Standort verlegt. Zu Beginn des 18. Jahrhunderts wurde zunächst das Wohnhaus neu erstellt, 1760–1764 folgten die übrigen Gebäude nach einem Plan des Ordensbaumeisters Matthias Binder. Ein in sich geschlossener Komplex gruppiert sich um den Innenhof. Harmonisch fügt sich die Anlage mit ihrer regelmäßigen Fensteranordnung in das mittelalterliche Stadtbild. Kuppelfenster mit hochgeschweiftem Blendsturz und kunstvolle Ornamente zieren die vorgezogene Mittelachse. Die wertvolle Rocaille-Kartusche im Giebeldreieck enthält das Wappen des Bauherrn, des Deutschmeisters und Reichsfeldmarschalls Karl Alexander, Herzog von Lothringen. Plastisch figurierte Kriegstrophäen und zwei Adler mit dem Lothringer Kreuz gruppieren sich um das Wappen.

Durch die Korbbogenöffnung der Einfahrt, vorbei an drei Pilasterpaaren, gelangen wir in den Innenhof. Die Fassade wird hier durch flache Wandpfeiler und senkrechte Mauerstreifen belebt. Wir halten uns rechts und ersteigen das Dachgeschoß des Nordwestflügels. Eine entzückende Rokokokapelle mit kunstvoller Stuckdekorausstattung empfängt den Besucher. Das kleine Rundfenster ist wirkungsvoll in das reiche Schnitzwerk des Altaraufbaus einbezogen und schafft aus Raum und Altar eine Einheit. Die Türfelder sind mit farbigen Malereien versehen, Figuren, Szenen und Landschaften darstellend. Das Altargemälde zeigt die Kreuzabnahme Christi.

Rokoko-Kapelle im ehemaligen Deutschordensschloß. Das Altargemälde zeigt die Kreuzabnahme Christi (18. Jh.).

Geburtshaus des Jugendschriftstellers Christoph von Schmid.

Zurück in der Föhrenberggasse setzen wir unseren Weg nach rechts fort. Das stattliche Eckgebäude links hinter der ersten Kreuzung ist das Geburtshaus des Jugendschriftstellers Christoph von Schmid, um 1700 entstanden.

Etwas weiter in der Föhrenberggasse entdecken wir einen gedrungenen, massigen Bau: die Roßmühle. Die untere der vier Aufzugöffnungen des Nordgiebels ist mit der Jahreszahl 1582 bezeichnet. Diese Art von Mühlen konnten in Zeiten der Belagerung oder bei Wassermangel eingesetzt werden, ihre Mahlwerke wurden von Pferden getrieben.

Wir steigen hinter dem Gebäude den Dönersberg hinauf und erreichen am Weißen Turm (Dönersturm) die Stadtmauer, der wir nach links folgen. In kurzen Abständen reihen sich der Hagelsturm und drei Rundtürme, der Hertlesturm, der Krugs- oder Königsturm und, als Eckbefestigung, der Salwartenturm. Dieser diente auch als Pulvermagazin, seine Außenseite ist zusätzlich durch Steinquader verstärkt.

Mit dem Nördlinger Tor erreichen wir die Stadtausfahrt, die neben dem Rothenburger Tor am häufigsten benutzt wurde. Der Unterbau des gedrungenen Torturms stammt aus der Zeit der Stadterweiterung Ende des 14. Jahrhunderts, der Staffelgiebel mit den Halbmuscheln wurde um 1600 aufgesetzt. Die verstärkende Rundbastion vor dem Turm hat man leider entfernt. Beim Durchschreiten der Durchfahrt entdecken wir im Gewölbe erneut die Pechnasen, die einem Eindringling zum Verhängnis werden konnten. Er hatte dann eben «Pech gehabt».

Links hinter der Ausfahrt ist das massive Gebäude der Stadtmühle. Sie wurde errichtet, nachdem Kaiser Karl IV. der Stadt Dinkelsbühl 1378 das Privileg zum Betrieb zweier Mühlstätten verliehen hatte. Der ansehnliche, schwungvolle Giebel entstand laut Inschrifttafel im Jahr 1600 in frühbarockem Stil: «Als man zcelt MDC Jar dyer Gibel von Neuem gebauet wahr.» Die Lage des Gebäudes außerhalb der schützenden Stadtmauern machte eine Sicherung der Mühle notwendig und schuf die gelungene Verbindung eines Zweckbaus mit einer Verteidigungsanlage. Ein Wehrgang mit Schießscharten führt an der Südseite des Obergeschosses entlang und setzt sich über dem Mühlgraben zur Sicherung der Radstatt fort. Die zierlichen Rundtürmchen bergen Geschützscharten. In der Ummauerung der Radstatt erkennen wir über der Wasserdurchlauföffnung zwei weitere Schießscharten. Sie wurden einst von Schützenpodesten aus benutzt, die man in Nischen über dem Wasserrad angebracht hatte. Gehen wir noch etwas weiter von der Stadtbefestigung zur nächsten Straßenkreuzung, so können wir die «Turmparade» der südlichen Stadtmauer in einem Blick abnehmen. Am Nördlinger Tor/Stadtmühle finden wir das Museum 3. Dimension, das Verfahren und Techniken zeigt, mit denen die Menschheit seit dem Mittelalter versucht hat, die Tiefe des Raumes zu rekonstruieren.

«Turmparade» von Osten: Krugsturm, Hertlesturm, Hagelturm und Weißer Turm.

Nördlinger Tor mit Stadtmühle. Rechts die befestigte Radstatt mit Wehrgang und Ecktürmchen (1490).
Nach Restaurierung im Jahre 1990 Museum 3. Dimension.

Zurück ins Stadtzentrum

Wir setzen unseren Rundgang durch die Stadt fort und halten uns hinter dem Nördlinger Tor rechts. Vor uns erscheint der schlanke, malerische Bäuerlinsturm, bevorzugtes Motiv für Maler und Fotofreunde. Seinen Namen erhielt er im 15. Jahrhundert nach einem Mitglied der Turmmannschaft, dem Gerber Hans Bäuerlin. Erst später wurde der vorspringende Fachwerkbau für Wohnzwecke hinzugefügt.

Wir verlassen den Lauf der Stadtmauer und wählen den nächsten Weg zur Nördlinger Straße, die uns zur Innenstadt zurückführt. Die Häuserfront erscheint seltsam abgestuft, als schauten die Wohnstätten der Bürger – erwartungsvoll und ängstlich zugleich – zum Stadttor hinunter. In Höhe des Fischergäßleins begegnet uns ein gußeiserner Brunnen mit barocken Schmuckformen und Wappen auf den acht Seitenfeldern. Im Jahre 1771 wurde er unter Verwendung der weit älteren Sandsteinsäule erbaut. Ihm gegenüber liegen typische alte Bauernhäuser mit Hofdurchfahrt.

Bevor sich die Nördlinger Straße zum Ledermarkt öffnet, erhebt sich links die evangelische St.-Pauls-Kirche. Sie entstand ab 1840 auf dem Platz der Klosterkirche der Karmeliten. Der Legende nach stand hier einst der Urhof des frommen Dinkelbauern, der für die durchziehenden Mönche eine Kapelle errichtete und ihnen seinen Hof schenkte. Historischer Hintergrund der Sage ist ein karolingischer Königshof. Die Gründung des Klosters geschah wohl um 1290 durch die Würzburger Karmeliten. Ab 1700 wurden die Gebäude erneuert. Im Reichsdeputationshauptschluß unter Napoleon I. wurden Kloster und Kirche im Zuge der Neuordnung von kirchlichem Besitz an den Deutschen Orden übergeben, von dem sie der Staat Bayern und schließlich die evangelische Kirche übernahm. Heute dienen die Räume des ehemaligen Klosters als Berufsfachschule für Musik.

Den geschlossenen Innenhof erreichen wir über die Klostergasse. Das Portal mit der Muttergottesfigur führt uns hinein. Die rundbogigen Arkaden des Erdgeschosses beschützen die wertvollen Grabtafeln Dinkelsbühler Bürger aus dem 16. Jahrhundert. An der Obergeschoßwand des Ostflügels erinnert eine farbige Sandsteinstatue (frühes 17. Jahrhundert) an den legendären Dinkelbauern, ebenso eine ältere, verwitterte Darstellung an der äußeren Kirchenwand.

Zurück durch die Klostergasse, überqueren wir die Nördlinger Straße und den Ledermarkt. Malerische Giebelhäuser aus dem 16. Jahrhundert beherrschen das Straßenbild. Eine der Steintafeln über dem Spitzbogentor von Haus Nr. 7 trägt neben dem Familionwappen die Inschrift «hanns schwertfuer/magdalena gruberi 1555». Beachtenswert sind auch die achteckigen Holzpfeiler in der Toreinfahrt dieses ehemaligen Gasthofes «Zum grünen Baum».

Der massige Bau des ehemaligen Rathauses bestimmt das Ende des Ledermarktes und leitet zum Altrathausplatz. Bereits 1361 wurde der Kern des Gebäudes als «stainhaus» genannt, in dem Hans Berlin Mitsiegler eines Grundstücksverkaufs des Deutschen Ordens war. Heute dient es im wesentlichen der Lagerung des Festspielfundus. Zwischen 1524 und 1550 wurde das Ge-

Altes Rathaus: die massive Holzdecke und das Treppenhaus aus dem Jahr 1548.

bäude durch Flügelanbauten erweitert und von da an bis 1855 als Rathaus benutzt. Die schwere Holzbalkendecke in der Eingangshalle des Hauptgebäudes ruht auf einer freistehenden Säule und Sandsteinkonsolen, wie die angrenzende Wendeltreppe aus der Zeit des Erweiterungsbaus.

Ebenfalls aus dem 16. Jahrhundert stammt die Säule des Brunnens auf dem Altrathausplatz. Ein aufrecht hockender Löwe wendet dem Rathaus eine Wappentafel zu und gab dem Brunnen seinen Namen. Den doppelköpfigen Reichsadler führten im 16. und 17. Jahrhundert die deutschen Kaiser in ihren Wappen und Siegeln. Er war zugleich Symbol für die bevorzugte Stellung der Freien Reichsstädte. Der Adler auf dem Löwenbrunnen hält kleine Schilde mit dem Stadtwappen Dinkelsbühl und einem spanischen Wappen in seinen Fängen, so daß die Entstehungszeit der Brunnensäule in die Regierungszeit Karls V. fallen muß.

Blick gegen das älteste der Stadttore, das Wörnitztor. Im Vordergrund, am Altrathausplatz, der Löwenbrunnen.

Das Haus Nr. 4, heute eine Weinstube, war das Schad'sche Patrizierhaus, in dem Obrist Sperreuth in der Zeit seines Dinkelsbühler Aufenthalts wohnte. Später wurde es als katholischer Pfarrhof genutzt. Das ehemalige Rathaus mit dem Löwenbrunnen und das nahe Wörnitztor bilden alljährlich die imposante Kulisse für den zweiten Teil des historischen Schauspiels der «Kinderzeche». Hier sprengen die schwedischen Reiter des Obristen von Sperreuth in das Innere der Stadt, Bürgermeister und Ratsherren übergeben demütig die Stadtschlüssel,

Blumenpracht am Wörnitztor.

die «Kinderlore» bittet mit ihrer Schar um Gnade, die schließlich auch gewährt wird.

Ein Tor an der Ostseite des Altrathausplatzes führt in den romantischen Garten des Künßberghauses (Nr. 12). Dort sehen wir das letzte Stück des Wehrganges, der einst die ganze Stadt umschloß. Der Dreigangsturm, rechts, stellt die Nahtstelle der ältesten Stadtmauer mit der Erweiterung (ab 1370) dar. In diesem stimmungsvollen Garten finden von Juni bis August die Freilichtaufführungen des Fränkisch-Schwäbischen Städtetheaters statt.

Das Wörnitztor mit seinen Bossenquadern im Erdgeschoß gehörte als einziges der Stadttore bereits zur ältesten Stadtbefestigung, da gegen die Wörnitzniederung keine Möglichkeit der Ausdehnung bestand. Ende des 14. Jahrhunderts wurde der Torturm erhöht und schließlich im späten 16. Jahrhundert der geschweifte Renaissancegiebel mit dem Glockentürmchen aufgesetzt. Bei der Straßenverlegung 1814 wurde er Haupteinfahrt in die Stadt.

Wir sind weniger als 100 m von der St.-Georgs-Kirche entfernt, dem Ausgangspunkt unseres Stadtbummels. Hier am Wörnitztor beginnen wir den Spaziergang um die Stadtmauern.

Der äussere Rundgang

Durch das Wörnitztor verlassen wir die Altstadt. Wir biegen gleich hinter dem Stadtmühlgraben rechts auf den Inselweg mit seinen gepflegten Rasenflächen ein. Zwischen dem Haus neben dem Wörnitztor, dessen Außenwand mit der Stadtmauer abschließt, und dem Mauerknick an der Kleinen Bastei und dem höheren Drei-

Blick über die Wörnitz auf die Stadt mit St. Georg.

gangsturm befindet sich das Stück Wehrgang, dessen Vorder-
seite den Garten des Künßberghauses ziert (Freilichtaufführungen
des Fränkisch-Schwäbischen Städtetheaters). Hinter dem klotzig
wirkenden Henkersturm spiegelt sich der romantische, schlanke
Bäuerlinsturm in den Wassern des Mühlgrabens und der Wörnitz.
Vorbei an der wehrhaften Stadtmühle und dem Nördlinger Tor
gelangen wir zur südlichen Promenade. Wie die Perlen auf einer
Schnur reihen sich Salwarten-, Königs-, Hertles- und Hagelturm.

Abendstimmung: Der Bäuerlinsturm und St. Georg spiegeln sich
in den Wassern der Wörnitz.

Am abschließenden Weißen Turm überbrückt ein überdachter Steg
den Stadtgraben und ermöglicht den Durchgang zur Innenstadt. In
Höhe des gedrungenen Haymarsturms betreten wir eine gepflegte
Parkanlage mit der sehenswerten Gedenkstätte der Siebenbürger
Sachsen. Auf der andern Seite des Stadtgrabens ist nun die Vormauer
der Befestigung, der Zwinger, gut zu überblicken. Der Berlins- und der

Gedenkstätte der Siebenbürger Sachsen in der Lindenallee der südwestlichen Promenade.

Wächtersturm zeugen von der früheren Wehrhaftigkeit der Stadt. Die Heimatglocke der Siebenbürger Sachsen läutet alljährlich an Pfingsten beim Bundestreffen. Ein reizvoller Bildstock bildet den Abschluß der Lindenallee.

Wir überqueren die Ellwanger Straße und suchen uns den Spazierweg nahe der Stadtmauer. Die Wälle und Gräben des heutigen Stadtparks sollten einst Dinkelsbühl bei feindlichen Angriffen schützen. Hinter dem zierlichen Dreikönigsturm ragt mit dem Grünen Turm der höchste der Stadtbefestigung in den Himmel. Ein Vorwerk verband einst mit Wehrgängen die Stadtmauer mit dem vorgeschobenen Wall. Durch sein Tor setzen wir unseren Weg fort, der sich am Hippenweiher zu einer großzügigen Anlage verbreitert. Ihr Mittelpunkt ist eine Darstellung des legendären Dinkelbauern aus der Zeit des Barock. Der Hauptweg führt uns am Hippenweiher entlang an das Ufer des Rothenburger Weihers – auch Gaulweiher. In seinem Wasser spiegeln sich die Wehrmauer, der Faulturm mit dem reizenden Vorwerkhäuschen und das Rothenburger Tor. Dieser Teil der Promenade gilt besonders bei Malern und Fotofreunden als einer der Höhepunkte bei der Erkundung Dinkelsbühls.

Wir setzen unseren Rundgang über die «Bleiche» fort, wo einst die Weber ihre Produkte der Sonnenstrahlung aussetzten, um reinere und hellere Farben zu erzielen. Der Weg führt uns am Freibad vorbei, ehe wir am Wörnitztor erneut den Ausgangspunkt erreichen.

Faulturm mit Vorwerkhäuschen vor dem Grün des Stadtparks.
Im Vordergrund der Gaulweiher.

Die «Kinderzeche»

Während das Fest der «Kinderzeche» seit Jahrhunderten über-liefert ist, wird das historische Festspiel seit 1897 alljährlich auf-geführt. Es zählt zu den ältesten und berühmtesten seiner Art in Deutschland. Die Festwoche erstreckt sich über zehn Tage von Freitag bis Sonntag. Haupttag ist jeweils der dritte Montag des Juli, um den sich das traditionsreiche Heimatfest spinnt. Neben den historischen Aufführungen und Tänzen erleben wir ein fränkisches Volksfest mit Bierzelt und Feuerwerk, Heimat-abende, ein sehenswertes Freilichttheater, Marktplatz und Wein-markt in Festbeleuchtung, den allabendlichen Rundgang des Nachtwächters (21.30–22.30 Uhr).
Die beiden Sonntage und der Montag beginnen bereits früh am Morgen (8 Uhr) mit einer stilechten Darstellung des Lagerlebens zur Zeit des 30jährigen Krieges. Schwedische Landsknechte lagern mit ihrem Troß auf den Wiesen vor dem Wörnitztor, die Stadt-knechte und die Dorfhauptmannschaft innerhalb. An diesen drei Hauptfesttagen finden anschließend die historischen Aufführungen des Festspiels statt, an den Samstagen am Nachmittag.
Entwickelt wurde das Spiel aus einem altüberlieferten Schul- und Kinderfest. Einmal im Jahr wurden die Kinder Dinkelsbühls auf Kosten der Stadt bewirtet, sie durften «zechen». Auch heute noch erhalten am Dienstag der Festspielwoche die Schulkinder nach einem Umzug vor dem Rathaus eine «Gucke» (Tüte) mit Süßigkeiten. Später wurde dann ein geschichtliches Ereignis aus

Historisches Schwedenlager auf den Wörnitzwiesen. Wie zur Zeit der Belagerung, 1632, tummeln sich hier schwedische Lands-knechte und ihr Tross.

Stadtübergabe am Wörnitztor: Schwedisches Fußvolk und Reiterei erstürmen die Stadt und fordern vom Rat bedingungslose Kapitulation.

dem 30jährigen Krieg eingeflochten: 1632 belagerte ein schwedischer Heerhaufen unter dem Obristen Klaus Dietrich von Sperreuth die Stadt, deren katholischer Rat sich lange nicht zur Aufgabe entschließen kann. Wegen der tagelangen Verzögerung erbost, will von Sperreuth Dinkelsbühl plündern und brennen lassen. Die Rettung der Stadt schreibt nun die Sage der „Kinderlore" zu. Mit den Kindern Dinkelsbühls zieht sie vor den Kriegsherrn. Alle fallen vor ihm auf die Knie und flehen um Gnade, die auch gewährt wird. Lediglich der katholische Rat muß zurücktreten, die Mehrheit der Evangelischen entsendet wieder ihre Abgeordneten ins Stadtparlament - bis zur Besetzung Dinkelsbühls durch die Kaiserlichen zwei Jahre später.

Der erste Teil dieses Festspiels, die Beratung der Stadtverordneten in der kritischen Lage der Belagerten, findet im Festsaal der Schranne statt, die Fortsetzung mit der Stadtübergabe und der

Szene aus dem Festspiel der Kinderzeche.

Rettung Dinkelsbühls auf dem Altrathausplatz. Wer nicht schon im Festsaal dabei war, sollte sich für den zweiten Teil der Aufführung eine Eintrittskarte im Verkehrsamt (am Marktplatz) erstehen.

Ein sehenswerter historischer Festzug mit der berühmten Dinkelsbühler Knabenkapelle und Gruppen aus dem Schauspiel und dem mittelalterlichen Stadtleben zieht anschließend durch die Altstadt. Vor den Tribünen am Weinmarkt wird der Zug fachkundig erläutert und mit dem altüberlieferten Obristenspruch abgeschlossen.

Spruch des kleinen Obristen

Vernehmt ihr Leute groß und klein
Was ich euch jetzt berichte;
Ich schenk euch gute Märe ein
Aus uns'rer Stadtgeschichte.

Man weiß ja wohl das schwere Jahr,
da ließ es Gott geschehen,
Daß sie befreit ward aus Gefahr
Durch ihrer Kinder Flehen.

Der Feind stand dräuend vor dem Tor,
O weh! Wer hilft uns Armen?
Da drang die Bitte an sein Ohr:
„Hab doch mit uns Erbarmen!"

Sieh hier der zarten Kinder Schar,
Wer soll uns speisen, tränken,
Willst du der Stadt, die uns gebar,
Nicht Gnad' und Frieden schenken?

Da ward des Feindes Herz erweicht,
Das Schwert fuhr in die Scheide.
Viel Mutterherzen wurden leicht
Und alles ward voll Freude.

Deß zum Gedächtnis feiert man
Dies Fest seit vielen Jahren
Und stimmet dem ein Loblied an,
Der uns aus Kriegsgefahren

Errettet hat zu seiner Zeit
Durch Kindermundes Lallen;
Er lasse sich's voll Freundlichkeit
Auch heute wohl gefallen.

Er gebe uns ein frommes Herz,
Und lehr' uns kühnlich treten
Vor ihn, in Freude wie in Schmerz
Für uns're Stadt zu beten.

Dinkelsbühl lebe hoch!

Gedichtet 1848 von Pfarrer Unold-Zangmeister

Historischer Umzug in der festlich geschmückten Altstadt: die Kinderlore, Retterin der Stadt.

Die berühmte Dinkelsbühler Knabenkapelle in der farbenfrohen Rokoko-Uniform des Augsburger Fuggerregiments.

Festumzug: Verwundeter Landsknecht auf dem Wagen mit der Vorderladerkanone von 1542.

Historische Tänze vor der Schranne: der Schwertertanz der Waffenschmiede.

Jeweils am Nachmittag der Haupttage werden vor der Schranne historische Tänze aufgeführt. Vierundzwanzig Paare schreiten im Zunftreigen der Weber und drehen sich zur Schwedenpolka und einem schwedisch-schottischen Paartanz. Höhepunkt der Darbietungen ist der Schwertertanz, der von der Zunft der Nürnberger Klingenschmiede übernommen wurde.

Einen harmonischen Ausklang der Festspielwoche bildet die Schlußveranstaltung auf dem romantisch beleuchteten Weinmarkt. Der Dinkelsbühler Schäferreigen, Fahnenschwingen und ein Konzert der berühmten Knabenkapelle umrahmen die Tanzdarbietungen, den feierlichen Abschluß bildet der Große Zapfenstreich.

Die Dinkelsbühler Knabenkapelle in farbenfrohen Rokoko-Uniformen.
– Im Hintergrund das Deutsche Haus.

Der Dinkelsbühler Nachtwächter bläst zur Abendstunde

Die Dinkelsbühler «Blausieder»

Die Blausiedergruppe im Festzug soll an den Spitznamen der Dinkelsbühler erinnern. Nach der Überlieferung träumte einst ein Ratsherr während der Verhandlung gegen einen gefangenen Räuber von einem gefangenen Karpfen. Während er über die beste Art der Zubereitung nachdachte, wurde er von seinem Tischnachbarn angestoßen. Auf die Frage, welche Strafe er für den Gesetzesbrecher vorschlage, antwortete er, noch immer mit seinem erträumten Karpfen beschäftigt: «Blausieden». Diese Antwort brachte ihm das Gelächter und wohl auch den Spott der übrigen Ratsmitglieder ein, den Dinkelsbühlern aber auch ihren Spitznamen «Blausieder».

Christoph von Schmid

Dem Theologen, Erzähler und Jugendschriftsteller Christoph von Schmid (1768–1854), einem der berühmtesten Söhne der Stadt, wurde vor der St.-Georgs-Kirche ein Denkmal gesetzt. Seine «Biblische Geschichte für Kinder» erschien 1801 und erreichte mehr als 200 Auflagen, die Kindererzählungen aus der Welt der Legenden und Ritter wurden in alle Kultursprachen übersetzt. Auch der Text des Weihnachtsliedes «Ihr Kinderlein, kommet» stammt aus der Feder von Schmid, der 1827 Domherr in Augsburg wurde.

Christoph-von-Schmid-Denkmal vor dem Münster St. Georg

Winterromantik in Dinkelsbühl

Im Winter entwickelt das romantische Dinkelsbühl besondere Reize. Die eingeschneite Landschaft und die Schneehauben auf Mauern, Türmen und Dächern erfreuen unsere Besucher aus nah und fern. Jeweils 7tägige Pauschal-Arrangements über Weihnachten und Silvester bieten Ihnen daneben eine bunte Palette an Veranstaltungen und Unterhaltung, an Besinnlichem und Fröhlichem. Erwähnt seien hier nur die Begrüßung durch den Verkehrsdirektor und das «Nostalgische Dreigestirn» − Marketenderin, Nachtwächter und Solotrompeter −, Waldspaziergänge, Heimatnachmittage mit der Dinkelsbühler Knabenkapelle, Tanzveranstaltungen und Bälle.

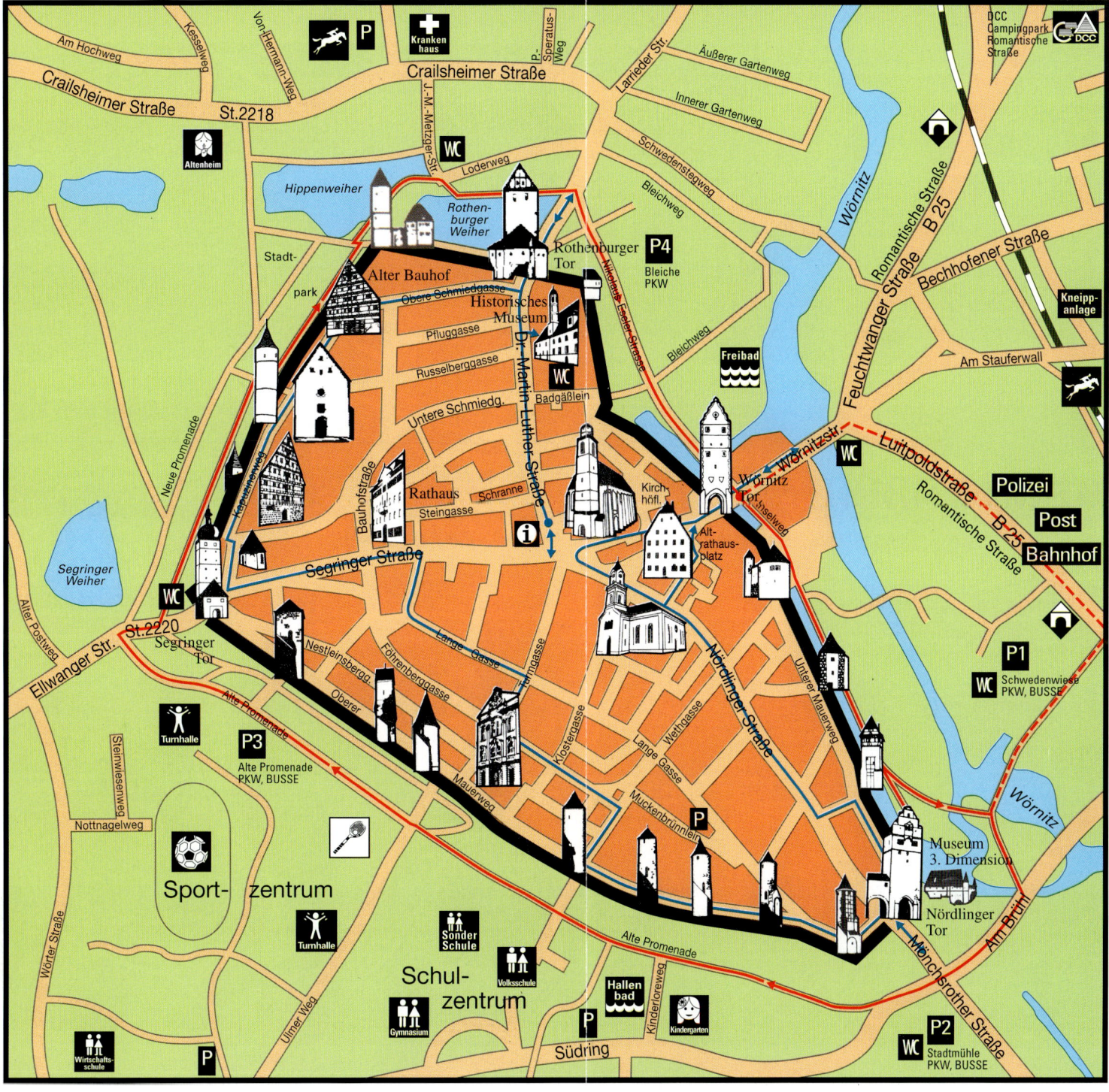